Mi escuela

por Manuel Ruiz

Scott Foresman
is an imprint of

Glenview, Illinois • Boston, Massachusetts • Chandler, Arizona • Upper Saddle River, New Jersey

ISBN 13: 978-0-328-41083-5
ISBN 10:   0-328-41083-7

Ésta es mi área de juego.

Éste es mi escritorio.

Ésta es mi maestra.

Ésta es mi clase.